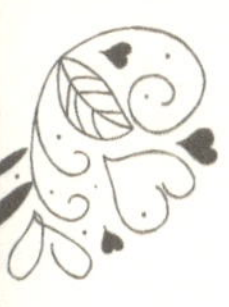
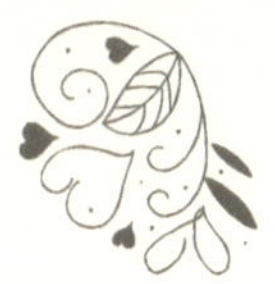

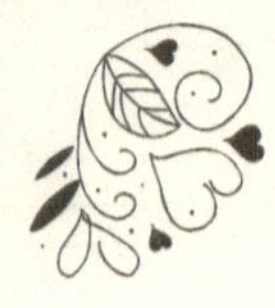
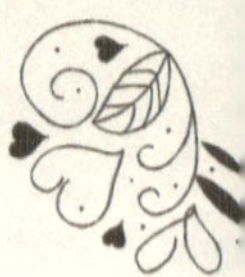

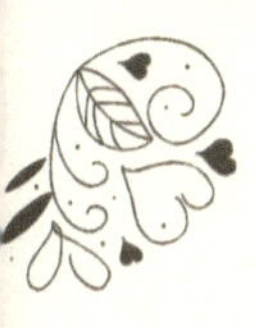
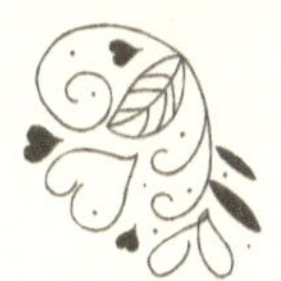
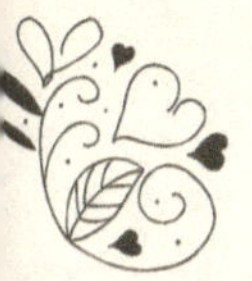

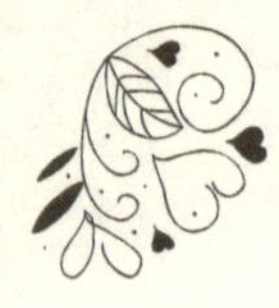
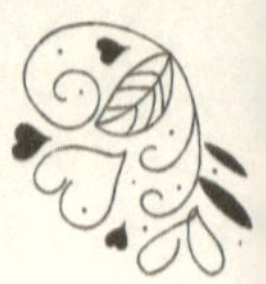

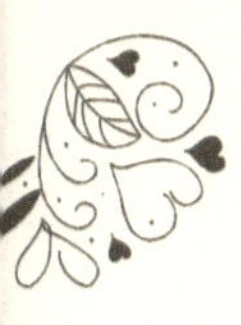
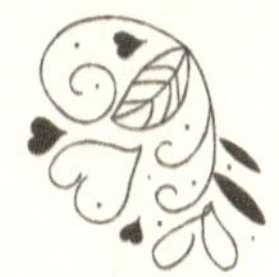

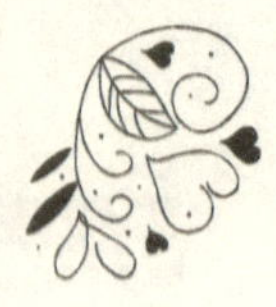
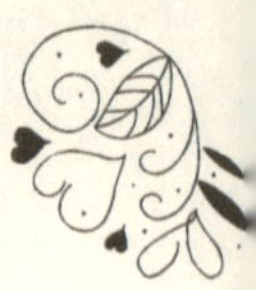

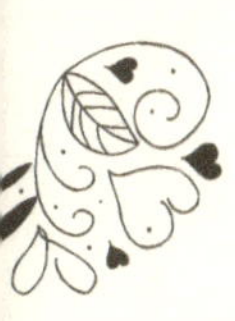
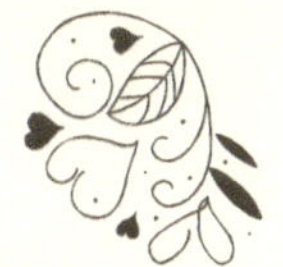
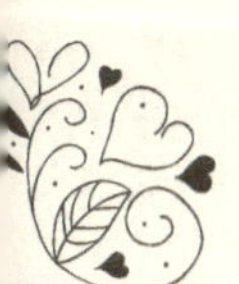

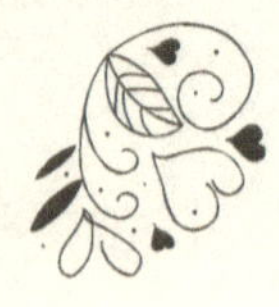
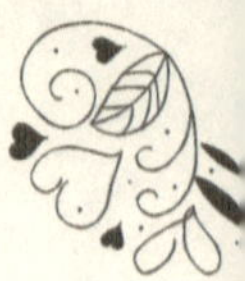
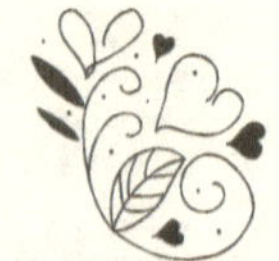

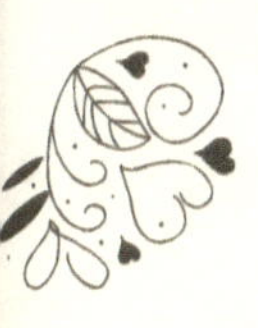
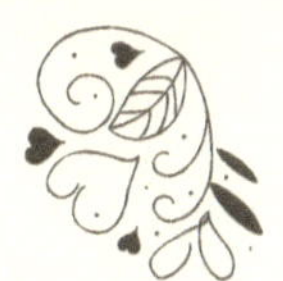

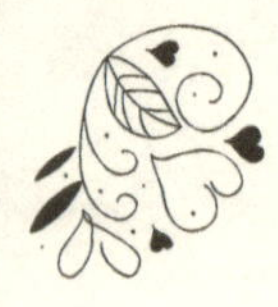
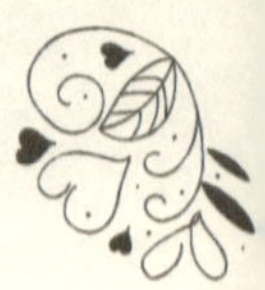

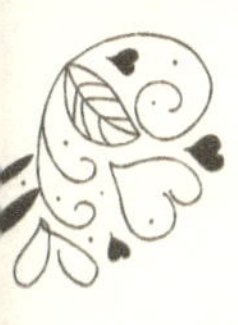
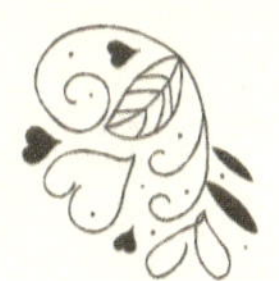
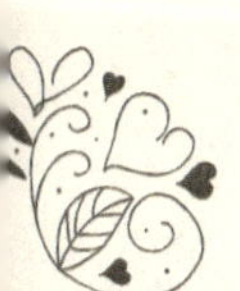

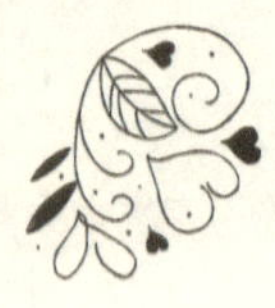
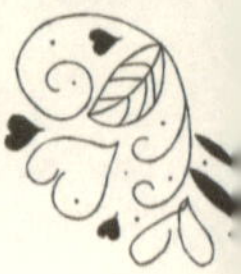

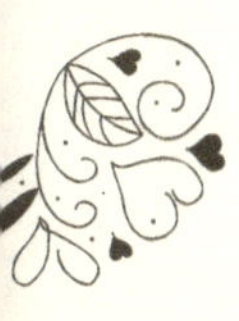
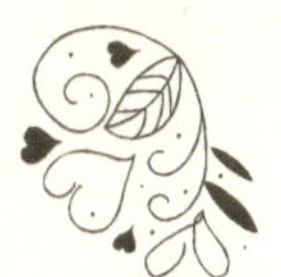
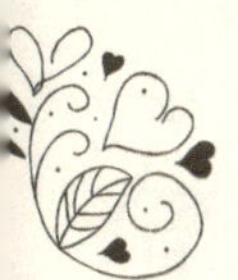

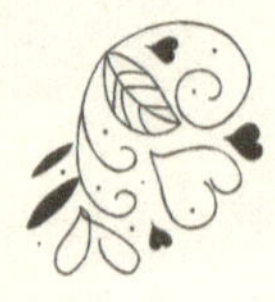
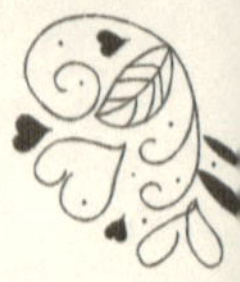

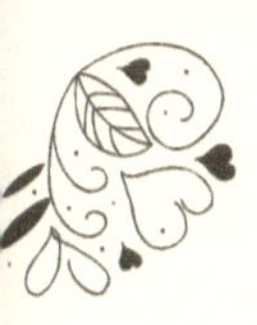
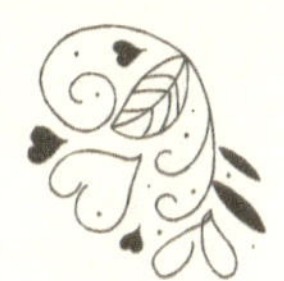

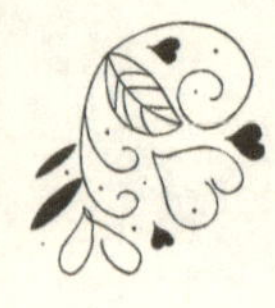
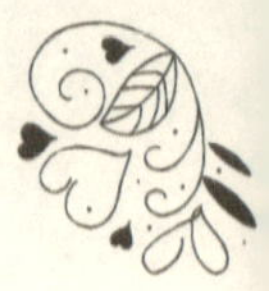

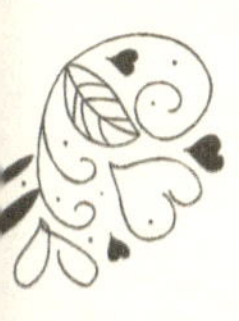
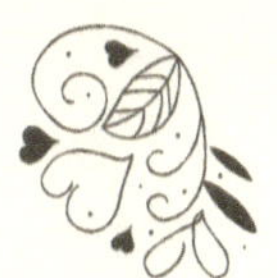
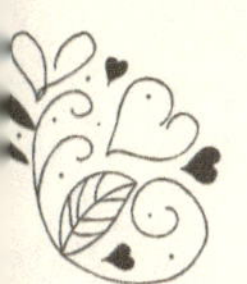

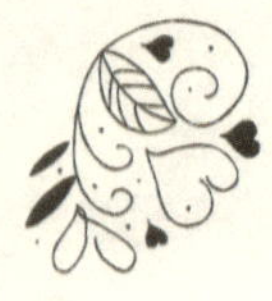
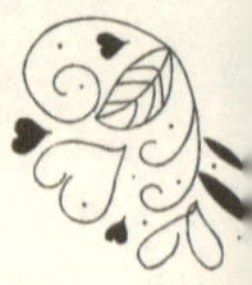
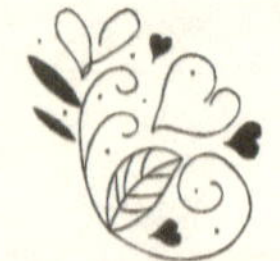

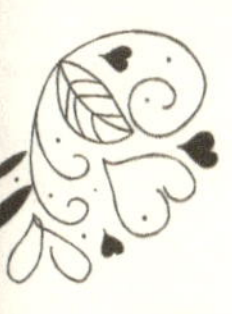
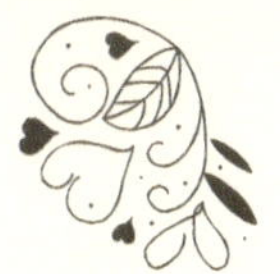
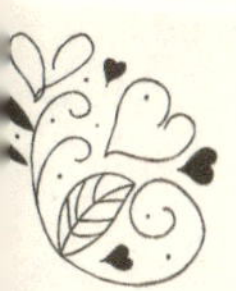
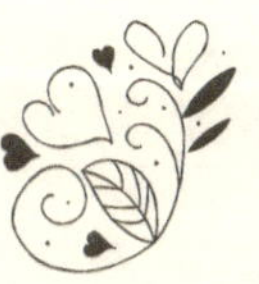

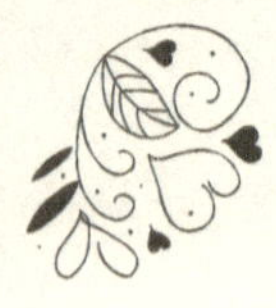
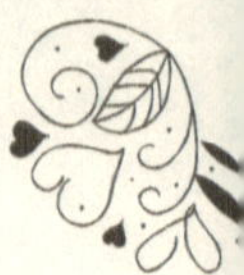

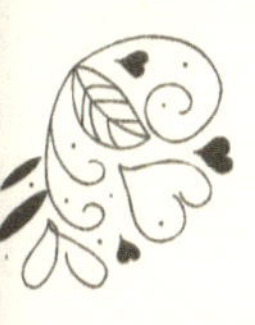
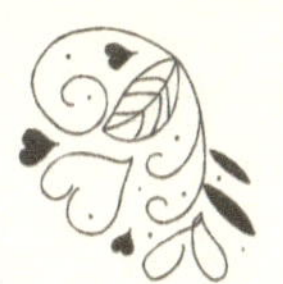
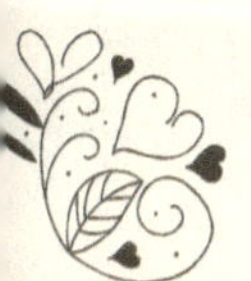

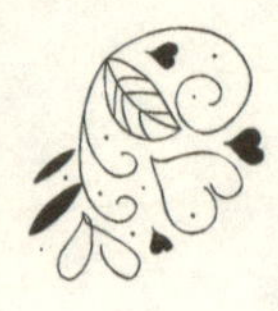
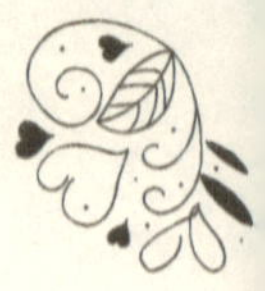

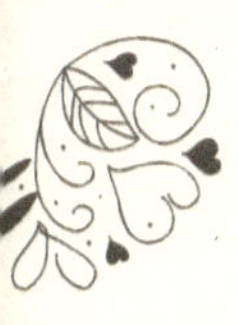
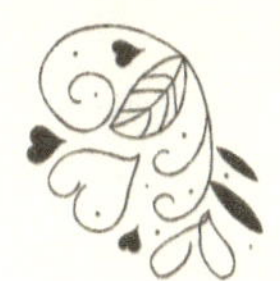
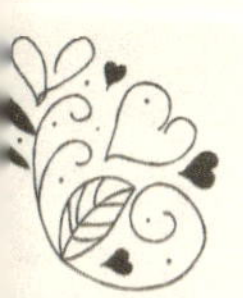

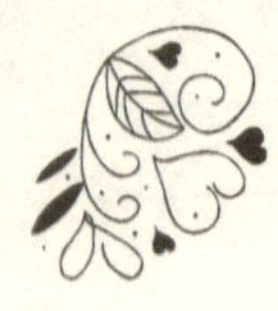
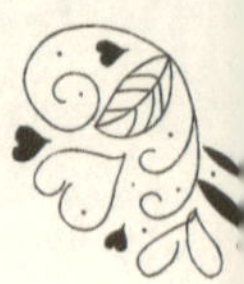

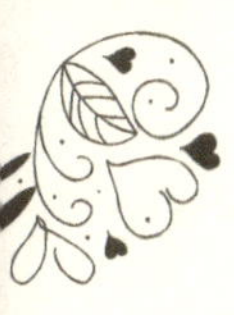
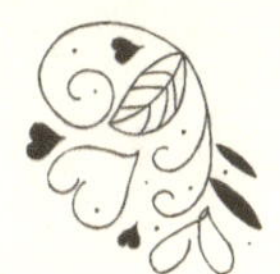
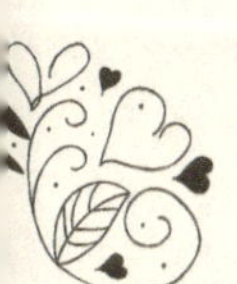

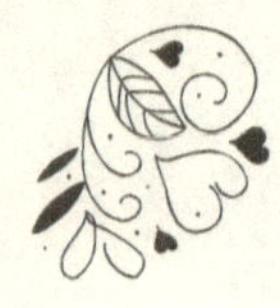
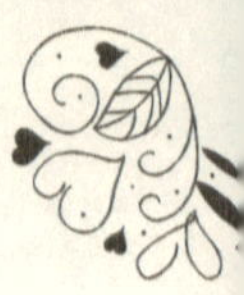
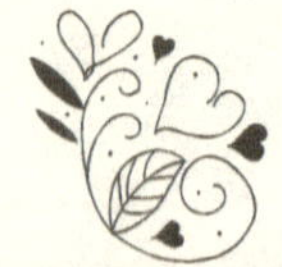

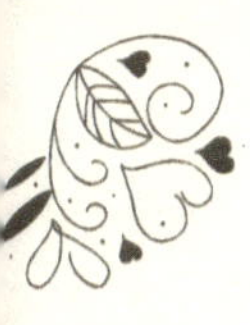
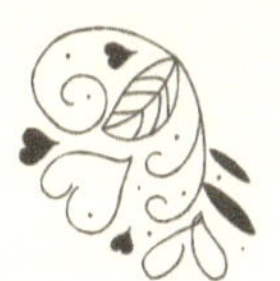
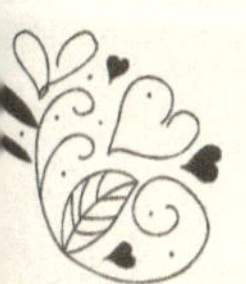

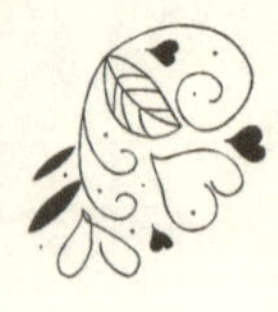
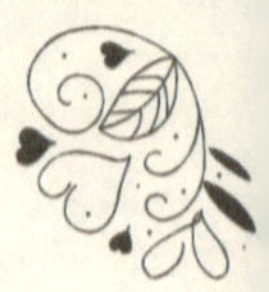
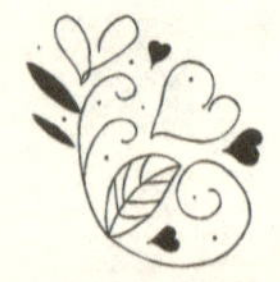

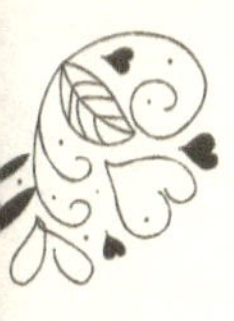
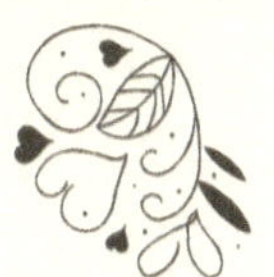
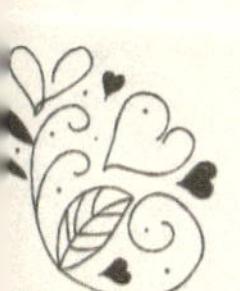

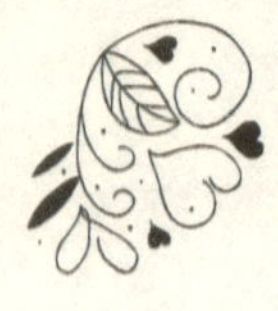
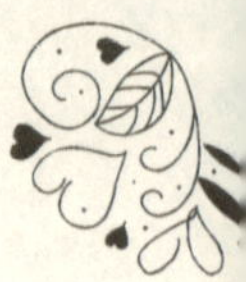

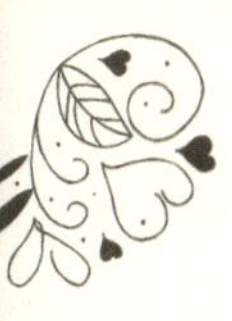
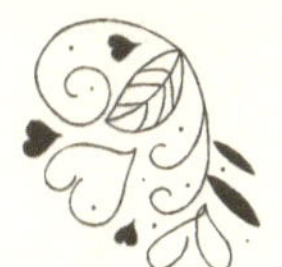
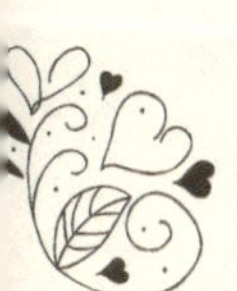

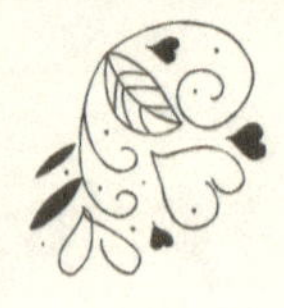
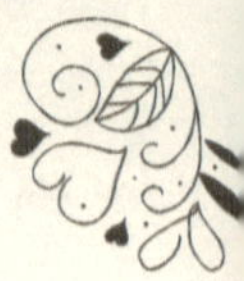
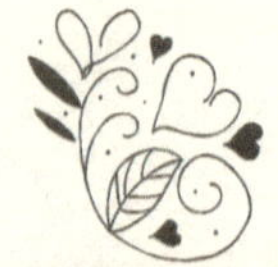

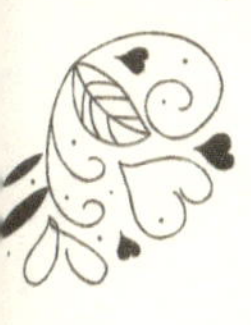
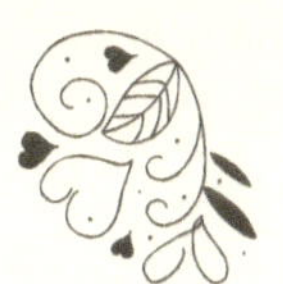

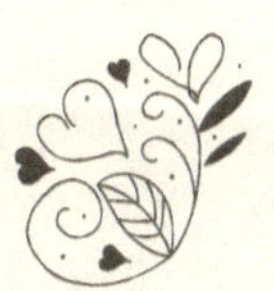

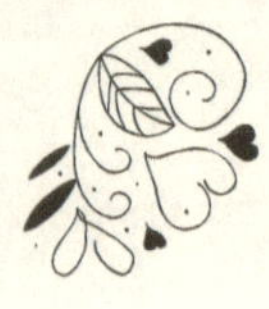
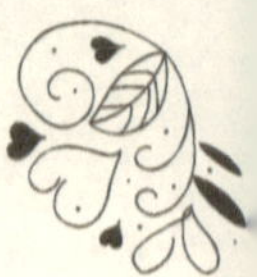

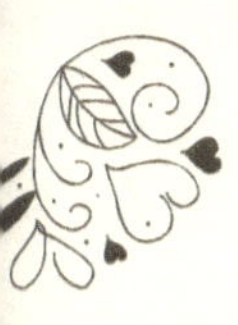
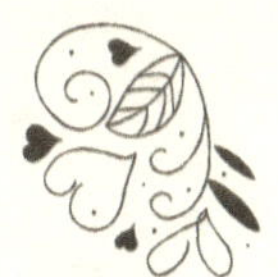
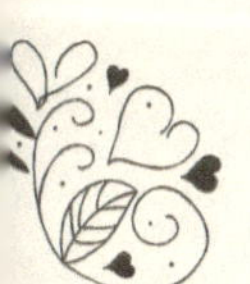

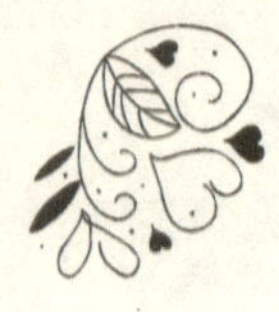
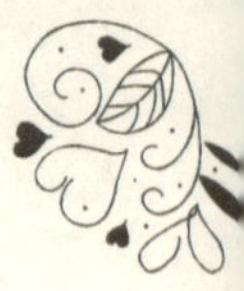

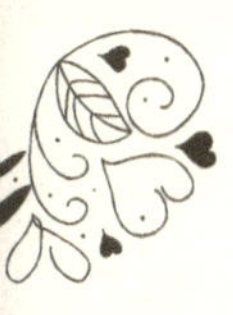
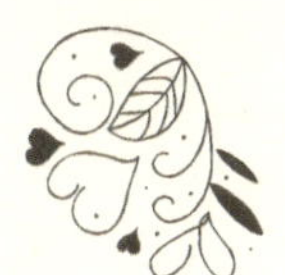
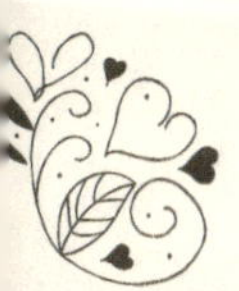

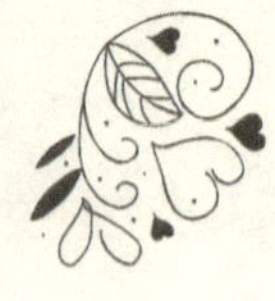
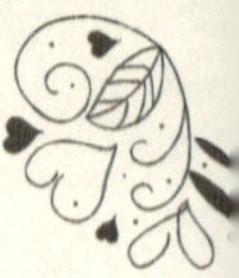
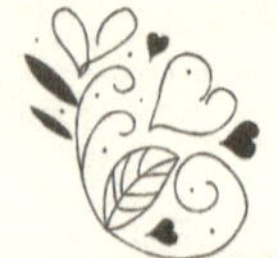

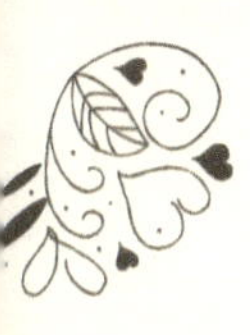
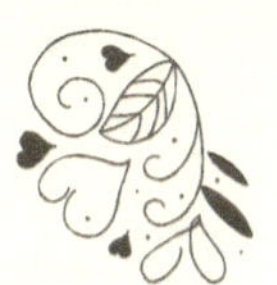
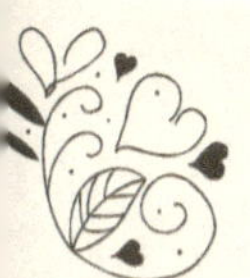

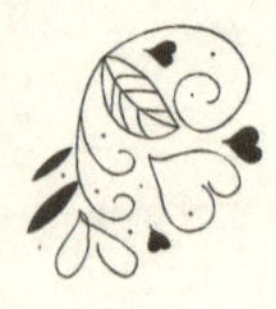
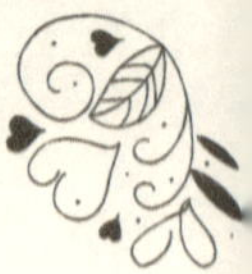
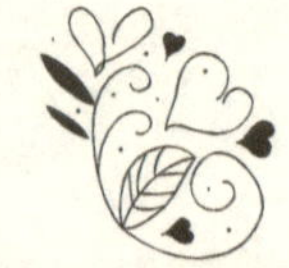